AF602304

26/27 Novembre 1906

marqué P

VENTE

Des Lundi 26 et Mardi 27 Novembre 1906

HOTEL DROUOT, SALLE N° 6

à deux heures

Mr Barjot

OBJETS D'ART

Tableaux, Céramique, Argenterie

SIÈGES & MEUBLES ANCIENS

EXEMPLAIRE DE H. STETTINER

COMMISSAIRES-PRISEURS

Me MAURICE DELESTRE

Me F. LAIR-DUBREUIL

EXPERTS

MM. B. LASQUIN FILS

OBJETS D'ART

DES XVIIe ET XVIIIe SIÈCLES

MEUBLES ANCIENS

CONDITIONS DE LA VENTE

Elle sera faite au comptant.

Les adjudicataires paieront *dix pour cent* en sus des prix d'adjudication.

L'Exposition permettant au public de se rendre compte de l'état et de la nature des objets mis en vente, aucune réclamation ne sera admise une fois l'adjudication prononcée.

Paris. — Imp. Georges Petit, 12, rue Godot-de-Mauroi. — 17136-06.

CATALOGUE

DES

OBJETS D'ART

PRINCIPALEMENT DES XVIIe ET XVIIIe SIÈCLES

Gravures, Miniatures, Dessins, Tableaux

LIVRES ANCIENS

FAIENCES ET PORCELAINES

Objets de vitrine et Objets divers — Cadres

ARGENTERIE ANCIENNE, PLAQUÉ

SCULPTURES EN BRONZE, MARBRE, TERRE CUITE, BOIS, JADE

Marbres et Porcelaines montés en bronze

Bronzes d'ameublement, Pendules, Cartels, Chenets

ÉTOFFES, TAPISSERIES AU POINT

SIÈGES ET MEUBLES ANCIENS

Dont la vente aux enchères publiques aura lieu

HOTEL DROUOT, SALLE N° 6

Les Lundi 26 et Mardi 27 Novembre 1906, à 2 heures

COMMISSAIRES-PRISEURS

Me MAURICE DELESTRE
5, rue Saint-Georges, 5

Me F. LAIR-DUBREUIL
6, rue de Hanovre, 6

EXPERTS

MM. B. LASQUIN FILS
12, rue Laffitte, 12

EXPOSITION PUBLIQUE

Le Dimanche 25 Novembre 1906, de 1 heure 1/2 à 5 heures 1/2

Désignation

GRAVURES ANCIENNES

1 — *Vue du château de Vaux-le-Vicomte,* du côté des jardins, par Israël Sylvestre.

2 — *Portrait de Charles Ier, roi d'Angleterre,* d'après Van Dyck, par Strange.

3 — *Portrait d'Auguste III, roi de Pologne,* en pied, d'après H. Rigaud, par Balechou.

Cadre ancien Louis XIV, en bois sculpté doré.

4 — *Portrait de Louis le Grand,* en pied, en grand costume du Sacre, d'après H. Rigaud, par P. Drevet.

Cadre ancien Louis XIV, en bois sculpté doré.

5 — *Monument érigé dans la ville de Lyon à la gloire de Louis le Grand* (détruit sous la Révolution), par Audran.

Cadre ancien Louis XIV, en bois sculpté doré.

MINIATURES — DESSINS
TABLEAUX ANCIENS

6 — Miniatures. Cadre renfermant quatorze miniatures sur vélin, provenant d'un antiphonaire du XVIe siècle.

7 — Miniature. *Portrait d'Isabeau de Bavière.*

Sur vélin.

8 — Le Prince. *Chaumières avec personnages au bord d'une rivière.*

Dessin à la plume et sépia.

9 — École française du XVIIIe siècle. *Portrait de femme.*

Corsage bleu décolleté et écharpe autour des épaules.

Peinture sur toile.

Cadre ancien en bois sculpté doré.

10 — Boucher (D'après F.). *Le Réveil.*

Toile décorative en forme de dessus de porte.

Bordure Louis XVI, bois sculpté doré.

11 — Challe (Attribué à). *Jeune femme lisant dans un parc.*

Peinture sur bois.

FAIENCES
ET PORCELAINES ANCIENNES

19 — **Faïence italienne.** Deux plats ronds : l'un, de la fabrique d'Urbino, représente le Conseil des dieux ; l'autre, avec amour sur fond jaune au centre, et attributs guerriers au marli.

20 — **Moustier.** Bannette ou plat rectangulaire, avec coins arrondis, décor Berain, bleu sur blanc.

21 — **Nevers.** Bouteille, fond bleu caillouté de blanc.

22 — **Nevers.** Pichet à fond bleu et fleurs en couleur.

23 — **Nevers.** Vase à deux anses-torsades, fond bleu caillouté de blanc.

24 — **Rouen.** Deux grands plats ronds, à riche décor au centre et au marli, en bleu sur fond blanc.

Diam., 49 cent.

25 — **Saint-Clément.** Quatre assiettes, ornées au centre du chiffre G. B., provenant du service de Buffon.

26 — **Sceaux.** Sucrier a poudre à décor de bouquets de fleurs en couleur.

27 — **Chine.** Deux statuettes, décorées en émaux de couleur. Kien-Lung.

28 — **Chine.** Statuette de Chinois debout, émaillée en couleur. Kien-Lung.

29 — **Chine.** Potiche couverte, décorée en couleur. Kien-Lung.

30 — **Chine.** Paire de petites potiches, décorées en émaux de couleur. Kien-Lung.

Elles sont montées en lampes.

31 — **Chine.** Deux petits pots couverts, décorés en émaux de couleur d'oiseaux sur des branchages fleuris. Yung-tchen. Montures anciennes en argent mouluré et guilloché.

32 — **Chine.** Grand cornet à base renflée, à décor bleu sur fond blanc.

33 — **Chine.** Vase en ancien céladon bleu turquoise.

34 — **Japon.** Potiche, forme balustre, décor polychrome et or avec compartiments à paysages.

Haut., 49 cent.

Vente Lelong.

35 — **Meissen.** Coupe de forme ovale, décorée sur fond vert, résillé d'or, de petits médaillons à sujets gracieux, d'après *F. Boucher*. Monture en bronze ajouré.

36 — **Saint-Cloud.** Deux salières rondes, en pâte tendre, à décor bleu sur fond blanc.

37 — Deux petites plaques rondes, en ancienne porcelaine, décorées en couleur d'oiseau et branches fleuries.

38 — Fleurs et fleurettes en porcelaine, décorée au naturel.

39 — Faiences et porcelaines anciennes, non cataloguées.

OBJETS DE VITRINE

40 — Clé de montre, breloque, petit flacon en argent gravé Louis XIV.

41 — Pomme de canne ornée de figures allégoriques, en cuivre doré. XVIIIe siècle.

42 — Boite ovale en cristal, ouvrant à charnière, avec bordure en or guilloché.

43 — Boite ronde, décorée sur le dessus d'un sujet de chasse en dorure sur vernis. XVIIIe siècle.

44 — Coupe en cristal de roche, formée d'une coquille montée sur piédouche. XVIIe siècle.

ARGENTERIE ANCIENNE, PLAQUÉ

45 — Plateau en argent, de forme ronde, à festons, bordure relevée avec filets, et armoirie gravée au centre. xviiie siècle.

46 — Plat rond creux, en argent, à festons et bord à filets, avec armoirie gravée au marli. xviiie siècle.

47 — Plat long en argent, de forme contournée, bord à filets. xviiie siècle.

48 — Deux salières en argent fondu, de forme contournée, à deux compartiments et quatre pieds, culot de feuillages sur chacune des faces.

49 — Deux saucières en argent fondu et ciselé. Sur plateau adhérent, chacune est très richement ornée de rocailles, avec anse agrémentée de feuillages et fleurs. xviiie siècle.

50 — Paire de flambeaux en argent, tige en forme de balustre et base moulurée. xviiie siècle.

51 — Petite cafetière en argent, de forme basse, avec filets. xviiie siècle.

52 — Petite cafetière en argent, élevée sur trois pieds avec armoiries gravées.

53 — Cafetière en argent, de forme basse, avec filets sur le bord. xviiie siècle.

54 — Cafetière en argent, de forme élevée, à côtes, sur trois pieds ouvragés, avec bec, charnière et culot ornementés de feuillages. xviiie siècle.

55 — Truelle à poisson, en argent; la spatule est à motifs ajourés, le manche en ancienne porcelaine de Meissen, en couleur. xviiie siècle.

56 — Boite a épices en métal argenté. De forme ovale, à deux compartiments, elle est ornée de godrons, de petits mascarons et d'armoiries gravées sur le couvercle. xviiie siècle.

57 — Sucrière en métal argenté, couvercle ajouré, pied godronné. xviiie siècle.

58 — Jardinière en métal argenté, à deux anses, avec armoiries gravées. Époque Louis XV.

59 — Rafraichissoir en métal argenté, à deux anses, avec armoiries. Époque Louis XV.

60 — Porte-huilier en métal argenté, de forme contournée, avec deux écussons rapportés (burettes en cristal). Époque Louis XV.

61 — Plat rond, en métal argenté, à bords festonnés et filets. xviiie siècle.

62 — Plat long, en métal argenté, à filets. xviiie siècle.

63 — Aiguière et son bassin en métal argenté, de style Louis XV.

64 — Trois cafetières en métal argenté, de grandeurs variées. xviiie siècle.

OBJETS VARIÉS

65 — Deux confituriers, verre doré. Louis XVI.

66 — Coupe en verre gravé de Bohême, sur piédouche. xviiie siècle.

67 — Petite coupe ou bol en jade blanc. Ancien travail chinois.

68 — Deux coupes ou bols en jade blanc, sur socles en bois de fer. Ancien travail chinois.

69 — Assiette en émail peint de Limoges du xvie siècle, par *Pierre Reymond*.

Au centre, personnages réunis autour d'une table; au marli, amours et oiseaux chimériques, un signe du zodiaque et un écusson avec armoiries en couleur, et la devise : *De forti dulcedo*. Belle conservation.

70 — Vitrail ancien figurant une tête de femme, de profil.

71 — Cadrans de pendules anciennes en émail.

72 — Clés en fer ouvragé des xviie et xviiie siècles.

73 — Médaillon rond, de *G. Dupré :* François III, duc de Mantoue. Profil à droite.

74 — Grand motif d'applique en bronze ciselé ; trophée d'instruments de musique. Époque Régence.

75 — Cadre rectangulaire, mouluré sur la face, et gravé au revers d'armoiries avec encadrement de laurier et d'arabesques en bronze doré. Fin du xvie siècle.

76 — Deux cadres rectangulaires en bronze ciselé, renfermant chacun six médaillons ovales en bronze patiné : profils d'empereurs romains. xviie siècle.

Vente Lelong.

77 — Baromètre à mercure dans un encadrement à laurier, feuillage et rocailles en bois sculpté doré. xviiie siècle.

78 — Deux panneaux rectangulaires en laque noire, à décor de paysages et jeux d'enfants en dorure. xviiie siècle.

Vente Lelong.

79 — Écritoire en bois noir, avec pieds et motifs aux angles, en bronze ciselé. Époque Louis XIV.

80 — Pupitre-écritoire, en ébène avec baguettes de cuivre. Époque Louis XIV.

81 — Pupitre-écritoire, en marqueterie de Ch. Boulle, cuivre gravé et écaille sur ébène. Époque Louis XIV.

82 — Écritoire en laque et bronzes ciselés et dorés; il porte un flambeau à deux branches, orné de fleurettes en porcelaine. Style Louis XV.

83 — Petit médaillier, en forme de coffret, ouvrant à deux portes, avec couvercle, et garni de tiroirs intérieurs; il est entièrement décoré de peintures au vernis avec rehauts de dorure, médaillons, arabesques, attributs, etc. Époque Régence.

84 — Grand cadre en bois sculpté doré. Époque Louis XIII.

85 — Cadre en bois sculpté doré. Époque Louis XV.

86 — Sous ce numéro : cadres anciens en bois sculpté doré des XVIIe et XVIIIe siècles.

87 — Console-support en bois sculpté doré, motif central à mascaron avec feuillage et ornements ajourés. Époque Régence.

88 — Console-support en bois sculpté doré, de composition analogue et pouvant faire pendant à la précédente. Époque Régence.

89 — Deux consoles-supports en bois sculpté. XVIIIe siècle.

90 — Panneau sculpté en bas-relief. Bois doré de l'époque Louis XIV.

91 — Fragments de bois sculptés anciens : panneaux, etc.

92 — Trois encadrements de dessus de porte en bois sculpté peint en gris, de forme contournée à feuillages et rinceaux. xviiie siècle.

SCULPTURES ANCIENNES

BRONZE — MARBRE — TERRE CUITE

93 — Grand médaillon ovale, en bronze fondu et ciselé en bas-relief, à patine brune. Sujet religieux. xviie siècle.

93 *bis* — Silène. Statuette en bronze du xviie siècle, sur socle ancien en marqueterie de Boulle.

94 — Bas-relief en terre cuite : *l'Imprimerie et les Arts*. Signé et daté : *L. Luce, 1744*. Cadre en bois noir, mouluré de cuivre.

95 — Statue en marbre : *Enfant faune*, tenant d'une main une flûte de Pan, de l'autre une branche de lierre. xviie siècle.

96 — Modèle en bois et plâtre peints, simulant la pierre et le bronze, de la *Statue équestre de Louis XIV*, élevée à Lyon (détruite pendant la Révolution). Époque Louis XIV.

97 — Statuette en bois sculpté : *Sainte Femme* debout. xve siècle.

98 — Statuette en bois sculpté : *Saint Nicolas.* Fin du xve siècle.

99 — Groupe en bois sculpté : *Mise au tombeau.* xvie siècle.

PORCELAINES, JADE & MARBRES

MONTÉS EN BRONZE

100 — Deux coupes en ancien céladon de Chine, de forme ronde ; montures à quatre pieds, agrafes et mascarons en bronze ciselé et doré, de style Régence.

101 — Coupe circulaire, en ancien céladon de Chine, avec monture analogue aux précédentes.

102 — Vase ou porte-bouquet en céladon flambé de Chine, de forme pyramidale tronquée à six pans ; il porte un bouquet de feuillage en cuivre et tôle, avec fleurettes en porcelaine décorée.

103 — Paire de cachepots de forme lobée, en céladon bleu turquoise de Chine.. Il sont montés en bronze ciselé et doré, avec collerette à anneaux et base moulurée à feuilles.

104 — Fontaine à parfum, formée d'un vase ovoïde en ancien céladon de Chine bleu turquoise, et de deux animaux chimériques de même matière. Monture en bronze ciselé et doré.

105 — Éléphant et son cornac, en jade gris verdâtre taillé, d'ancien travail chinois ; il est monté en bronze ciselé et doré, sur une terrasse figurant des rochers avec fleurettes.

106 — Vase couvert en marbre du Languedoc, du temps de Louis XIV. De forme oblongue, avec couvercle orné de deux consoles. Il est enrichi d'une monture moderne en bronze ciselé et doré.

107 — Vase couvert en porphyre, du temps de Louis XIV. Il est enrichi d'une monture moderne en bronze ciselé et doré ; anses à têtes de femme et couvercle surmonté d'une pomme de pin.

108 — Coupe en marbre, du temps de Louis XIV, de forme circulaire, reposant sur trois pieds modernes en bronze ciselé et doré.

109 — Vase couvert en serpentine du xviie siècle. En forme de brûle-parfum, il est enrichi d'une monture moderne en bronze ciselé et doré, avec collerette ajourée et base à rocailles.

110 — Vase couvert en marbre ancien ; monture en bronze ciselé et doré, de style Louis XIV.

BRONZES D'AMEUBLEMENT

FLAMBEAUX — APPLIQUES — LUSTRES

111 — Console-support en bronze doré, modèle à feuille d'acanthe et mascaron. xviiie siècle.

112 — Paire de consoles-supports en bronze doré, à feuillage ajouré. xviiie siècle.

113 — Paire de flambeaux en bronze argenté, tige-balustre à petits mascarons, base à coquilles et entrelacs. Époque Louis XIV.

114 — Paire de flambeaux en bronze ciselé et doré, tige balustre à section carrée avec pans coupés, base mouvementée avec entrelacs, oves et ornements divers. Époque Louis XIV.

115 — Paire de flambeaux en bronze argenté, tige à balustre, base à godrons en spirale. Époque Louis XV.

116 — Paire de flambeaux-cassolettes en bronze ciselé, vase enguirlandé sur fût cannelé. Époque Louis XVI.

117 — Paire de flambeaux-cassolettes en marbre blanc et bronze doré, à deux anses feuillagées, panse enguirlandée de vigne, bouton, et base à godrons. Époque Louis XVI.

118 — Paire de grands flambeaux en bronze mouluré. xvie siècle.

119 — Sous ce numéro seront vendus des flambeaux anciens non catalogués.

120 — Paire de girandoles à trois lumières en bronze argenté. Style Louis XIV.

121 — Candélabres à trois branches porte-lumières, formés d'un vase en *spath-fluor* monté en bronze ciselé et doré.

122 — Paire de bras-appliques à une lumière, modèle à mascaron et petite cariatide en bronze doré.

123 — Paire de bras-appliques à une lumière, en bronze doré. Époque Régence.

124 — Paire de bras-appliques à une lumière, mascaron de femme et feuillage, en bronze doré. Époque Louis XIV.

125 — Paire de bras-appliques à deux lumières, de forme contournée, à rinceaux de feuillages, en bronze doré. En partie Louis XV (l'une des deux a été refaite en contre-partie).

126 — Lustre à six branches porte-lumières, modèle de Ch. Boulle, en bronze ciselé et doré. Style Louis XIV.

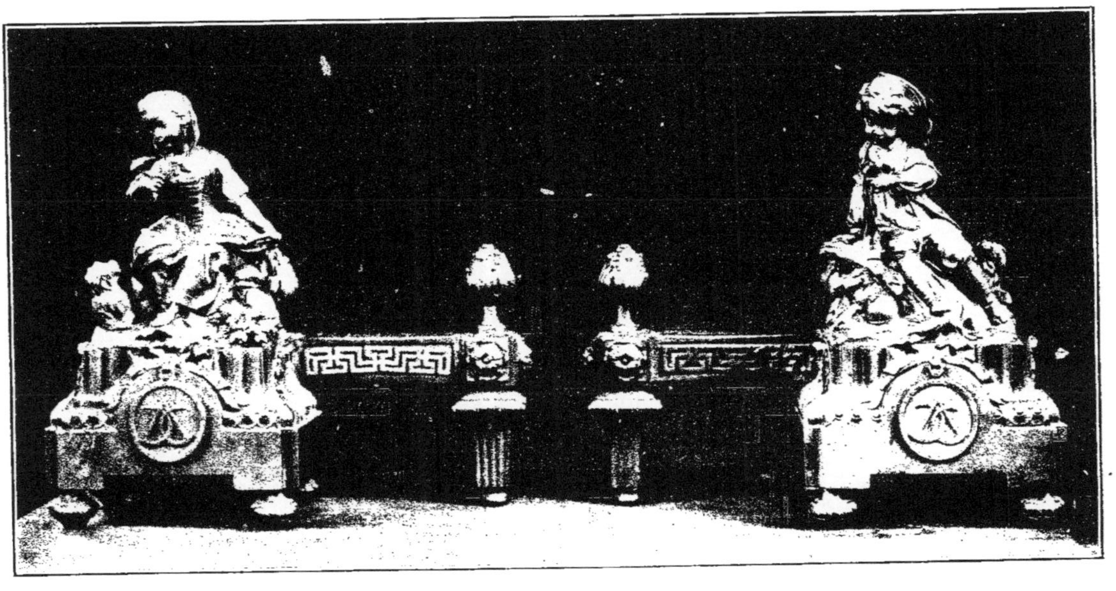

N° 128.

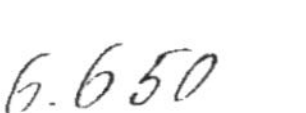

6.650

127 — Deux lions debout reposant sur des socles rectangulaires, en bronze patiné et poli. xviie siècle.

128 — Paire de chenets en bronze ciselé et doré du temps de Louis XV. L'un représente une figurine d'enfant-berger tenant un oiseau, l'autre une bergère tenant un papillon. Socles rectangulaires mouvementés avec canaux et médaillons aux initiales A. D. C. entrelacées. Galeries à grecques, rosaces et pommes de pin.

129 — Galerie de foyer à balustres, portant à chaque extrémité une figurine de *Frileuse* accroupie, bronze patiné et doré. xviiie siècle.

130-135 — Sous ces numéros seront vendus par lots des bronzes anciens ou modernes, appliques et garnitures pour meubles : chutes, sabots, entrées, poignées, rinceaux, socles, etc.

PENDULES, CARTELS

136 — Importante pendule et son socle, cul-de-lampe, en marqueterie de Ch. Boulle, cuivre gravé, écaille et ébène. Le mouvement, de forme circulaire, repose par quatre pieds-consoles sur le socle. Elle est ornée de motifs en bronze ciselé et couronnée d'une figure du *Temps* de même matière.

Haut., 1 m. 30 environ.

Vente Lelong.

137 — Pendule et son support, en marqueterie de cuivre gravé et d'écaille de l'école de *Ch. Boulle,* ornée de bronzes ciselés. Époque Louis XIV.

Haut., 75 cent.

138 — Pendule en marqueterie de cuivre et d'écaille; de forme contournée, ornée de motifs en bronze ciselé et doré. Cadran métallique avec attributs; les heures en émail. Marquée *Gaudron, à Paris.* Époque Louis XIV.

139 — Pendule formée d'un éléphant en ancienne porcelaine blanche de Chine, supportant un mouvement de *Bazin, à Paris*, encadré de rocailles et feuillages et orné de fleurettes en porcelaine, elle repose sur une terrasse en bronze ciselé et doré. En partie du temps de Louis XV.

140 — Petit cartel-applique, de forme mouvementée à feuillages, rocailles et rayons émergeant d'un nuage en bronze ciselé et doré. Époque Louis XV.

141 — Petit cartel-applique, modèle à encadrement et culot de feuillage, mascaron et vase en bronze ciselé et doré. Mouvement de *Brille, à Paris.* Fin du temps de Louis XV.

142 — Importante pendule en bronze ciselé et doré et marbre blanc. Le mouvement, de *Paté, à Paris*, repose sur un fût de colonne cannelée. De chaque côté on voit le *Dauphin* (depuis Louis XVI)

et *Minerve*, allégorie figurant *la Sagesse conduisant la Royauté,* en bronze ciselé et doré. Socle à entrelac ajouré et feuille d'eau. Contre-socle en marbre blanc à cannelures et six pieds-boules. XVIIIe siècle.

143 — PENDULE formée d'un lion supportant le mouvement de *Cachard, successeur de Leroi, à Paris*, encadré de feuillages, surmonté d'une figurine de sauvage. Socle-terrasse avec cartouche ; le tout en bronze ciselé. Époque Louis XVI.

ETOFFES ANCIENNES

TAPISSERIES AU POINT

144 — SATIN rouge brodé, soieries, toiles peintes, etc.

145 — Sous ce numéro : garnitures de sièges et fragments en ancienne tapisserie au point. XVIIe siècle.

SIÈGES ANCIENS

146 — GRAND FAUTEUIL Louis XIII, en bois, avec entrejambe, couvert en tapisserie au point.

147 — FAUTEUIL Louis XIII, en bois sculpté, à bras et pieds tors.

148 — Banquette Louis XIII, à pieds tournés.

149 — Bois de fauteuil Louis XIV, sculpté et doré.

150 — Grand fauteuil ou trône Louis XIV, en bois sculpté, avec croisillon.

151 — Fauteuil Louis XIV, bois sculpté, recouvert de tapisserie au point.

152 — Trois chaises Louis XV, en bois sculpté et peint, à rocailles.

153 — Chaise Louis XV, en bois sculpté et peint, avec coquilles et rinceaux, recouverte de tapisserie au point.

154 — Deux bergères en bois sculpté, à haut dossier, de forme cintrée, avec accotoirs-balustres. Ruban sculpté au dossier et entrelac à la ceinture. Époque Louis XVI. Garniture et coussins en velours frappé moderne.

155-165 — Sous ces numéros, seront vendus des sièges anciens en bois sculpté, tabourets, chaises ou fauteuils des XVIIe et XVIIIe siècles.

MEUBLES ANCIENS

166 — Petite crédence, ouvrant à deux portes, en bois sculpté, avec panneaux à serviettes. XVe siècle.

167 — Grand lit a colonnes en chêne sculpté ; le dossier à ornementation ajourée, les bateaux ainsi que le devant avec panneaux à serviette. En partie gothique.

168 — Coffre en bois sculpté, à panneaux. Époque gothique.

169 — Table Renaissance, à deux allonges ; piétement à pilastres carrés cannelés et balustres (parties restaurées).

170 — Autre table Renaissance, à colonnes.

171 — Lit a colonnes cannelées, avec dossier ornementé, en bois sculpté. En partie de la Renaissance.

172 — Table rectangulaire, à quatre pieds, en bois sculpté. Fin du XVIe siècle.

173-176 — Sous ces numéros : plusieurs tables Louis XIII, en bois sculpté, à pieds tournés ou tors.

177 — Berceau Louis XIII, en bois sculpté, suspendu à un piétement de style, à arcatures sur balustres.

178 — Autre berceau analogue au précédent.

179 — Table rectangulaire, en bois sculpté doré, à quatre pieds réunis par une entrejambe ; elle est ornée de motifs à coquilles, feuillages et quadrillés. Époque Régence. (L'une des faces a été reconstituée.) Dessus de marbre brèche violette.

180 — Commode de forme contournée, en bois de placage, à trois rangs de tiroirs, d'époque Régence. Elle est enrichie de motifs en bronze ciselé et doré, chutes, poignées, rosaces, etc. Dessus de marbre.

181 — Commode en marqueterie de bois de placage, de forme contournée, à trois rangs de tiroirs, de l'époque Régence. Garniture de bronzes ciselés et dorés. Dessus de marbre. Estampille de *F. Doirat*.

182 — Petit bureau plat, en bois de placage, à quatre faces et pieds cambrés, ouvrant à cinq

tiroirs, d'époque Régence. Il est enrichi de bronzes ciselés et dorés : quart de rond avec agrafes aux angles, chutes, sabots, rosaces; dessus de maroquin.

183 — Grande console à quatre pieds et croisillon d'entrejambe, en bois sculpté doré. Pieds en gaines, ceinture à mascaron et rinceaux de feuillages. Dessus de marbre plaqué sur pierre. En partie de l'époque Louis XIV.

184 — Console en bois sculpté doré, à figure de cariatide et pied à griffe ; tablette à entrelac. Dessus de marbre. En partie de l'époque Louis XIV.

185 — Meuble d'entre-deux en bois de placage, ouvrant à deux portes, orné de canneaux en cuivre. Dessus de marbre. Époque Louis XIV.

186 — Meuble analogue au précédent et pouvant lui faire pendant. Époque Louis XIV.

187 — Meuble d'entre-deux ou grand buffet, ouvrant à deux portes anciennes, en bois sculpté et peint, à motifs d'attributs de chasse, offrant au centre le double *L* couronné, et provenant d'une boiserie de Versailles. Dessus de marbre du Languedoc.

188 — CABINET du temps de Louis XIV, en laque noire, rehaussée de dorure. Il ouvre à deux portes, avec tiroirs intérieurs, et repose sur une table-console en bois sculpté et doré, à quatre pieds et croisillon, de style Louis XIV.

189 — TABLE-CONSOLE, analogue à celle du meuble précédent.

190 — GRAND BUREAU plat en bois noir, incrusté, mouluré de cuivre et orné de bronzes ciselés et dorés. Époque Louis XIV.

191 — PARAVENT à six feuilles en laque, décoré de paysages et personnages en dorure. XVIIIe siècle.

192 — PETIT MEUBLE VITRINE, forme cartonnier, reposant sur une armoire à deux portes, en bois noir et baguettes moulurées en cuivre. XVIIIe siècle.

193 — COMMODE de forme contournée en bois de placage et marqueterie de bois debout à fleurs, ouvrant à deux tiroirs et ornée de bronzes dorés ; dessus de marbre rouge. Époque Louis XV.

194 — COMMODE en laque noire et dorure, de forme contournée, ouvrant à deux tiroirs de l'époque Louis XV, garniture de bronzes ciselés et dorés. Dessus de marbre brèche.

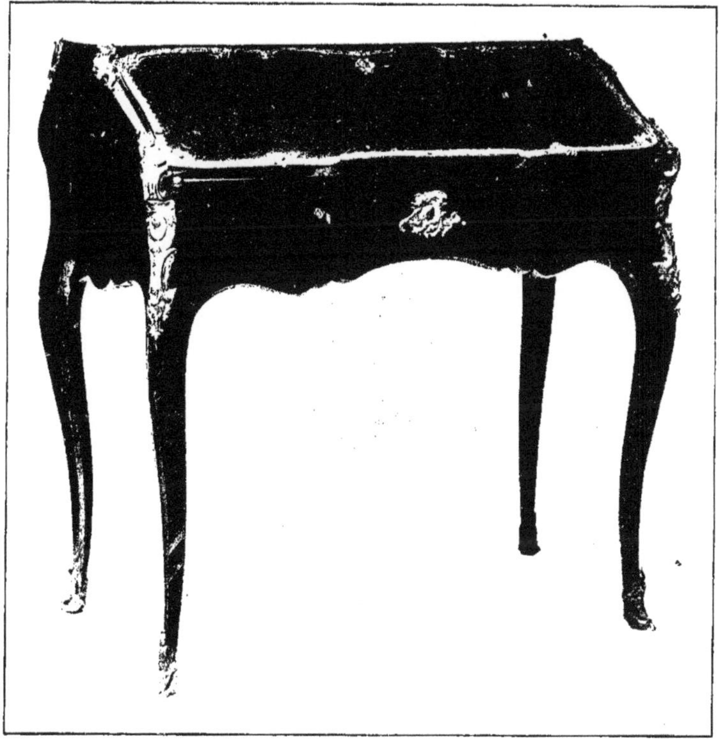

N° 197.

3. 200

195 — Meuble de milieu, en marqueterie de bois de placage, de forme contournée, il ouvre sur le dessus à deux volets à charnières, avec tiroirs sur la face ; il est enrichi de bronzes ciselés et dorés. Époque Louis XV.

196 — Grand bureau de forme dite à *dos d'âne*, ouvrant à abattant et tiroirs extérieurs et intérieurs, en marqueterie de bois de violette sur les quatre faces. Époque Louis XV.

197 — Bureau de dame, en marqueterie de bois debout, à fleurs ; il est à quatre faces, de forme contournée en tous sens, ouvre à abattant avec tiroirs intérieurs ; il est orné de ses bronzes ciselés formant encadrement avec chutes, sabots et entrée de serrure, et porte l'estampille *Crescent*. Époque Louis XV.

198 — Table a ouvrage en bois de placage, ouvrant à trois tiroirs, avec tablette d'entrejambe de l'époque Louis XV ; garniture de bronzes ciselés et dorés ; dessus de marbre brèche.

199 — Table-bureau de dame en bois de placage, de forme rectangulaire, à quatre pieds et tablette d'entrejambe ouvrant à tiroirs. Époque Louis XV.

200 — Table a ouvrage, ou petit bureau de dame, en bois de placage, de forme contournée à quatre

pieds et tablette d'entrejambe, ouvrant à trois tiroirs. Dessus de marbre brèche. Époque Louis XV.

201 — Bureau de dame en marqueterie de bois de placage, ouvrant à abattant et tiroirs. Époque Louis XV.

202 — Petite table ou bureau de dame, en bois satiné, de forme contournée, ouvrant à trois tiroirs, du temps de Louis XV. Garniture de bronzes ciselés et dorés.

203 — Paire de meubles-encoignures en marqueterie de bois de placage, d'époque Louis XV. Chacun de ces meubles ouvre à deux portes encadrées de motifs en bronze ciselé et doré. Estampille de *Dubois*. Dessus de marbre brèche.

204 — Petit meuble-encoignure en marqueterie de bois de placage d'époque Louis XV. Garniture de bronzes dorés; dessus de marbre brèche.

205 — Table a jeu de forme triangulaire dite *chapeau de curé*, en bois de placage, du temps de Louis XV ; elle est enrichie de bronzes ciselés et dorés.

206 — Vitrine en acajou, ouvrant à quatre portes, dont les deux supérieures vitrées avec incrus-

tations de filets de cuivre et ornements en bronze doré : frise d'entrelacs, entrées de serrure, rosaces. Dessus de marbre. Époque Louis XVI.

207 — Petit meuble à hauteur d'appui, élevé sur quatre pieds carrés en gaines, ouvrant à deux tiroirs, en acajou, d'époque Louis XVI. Il est enrichi de bronzes ciselés et dorés.

208 — Table-servante en acajou, à trois plateaux circulaires tournant sur un pied pivot à cannelures. Époque Louis XVI.

209 — Table à volets pliants, en acajou, d'époque Louis XVI.

210 — Lit de repos Louis XVI, en bois sculpté et peint.

211 — Sous ce numéro, les objets ayant pu être omis au présent catalogue.

www.ingramcontent.com/pod-product-compliance
Ingram Content Group UK Ltd.
Pitfield, Milton Keynes, MK11 3LW, UK
UKHW020509180726
13839UKWH00004B/1994